AF224592

EDMOND VOINOT, MAIRE D'ALGER

SUSPENSION

DE LA

MUNICIPALITÉ

ET DU

CONSEIL MUNICIPAL

D'ALGER

RELATION DES FAITS

PROTESTATION

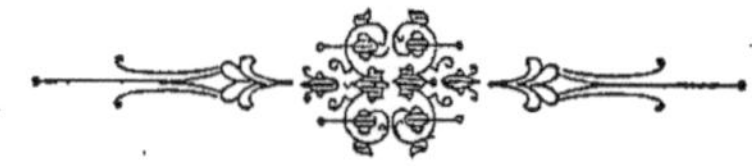

ALGER

IMPRIMERIE TYPOGRAPHIQUE ERNEST MALLEBAY

30, RUE DE CONSTANTINE, 30

—

1899

Edmond VOINOT, Maire d'Alger

SUSPENSION

DE LA

MUNICIPALITÉ

ET DU

CONSEIL MUNICIPAL

D'ALGER

RELATION DES FAITS

PROTESTATION

ALGER

IMPRIMERIE TYPOGRAPHIQUE ERNEST MALLEBAY

30, RUE DE CONSTANTINE, 30

1899

Edmond VOINOT, Maire d'Alger

SUSPENSION DE LA MUNICIPALITÉ

ET DU

CONSEIL MUNICIPAL D'ALGER

RELATION DES FAITS — PROTESTATION

Ceci est une page d'histoire ajoutée à celles écrites au cours des évènements douloureux dont, depuis plus d'un an, Alger est le théâtre par répercussion de ce qui émeut la France et l'Algérie entière.

C'est la relation de faits instantanément photographiés, afin que la vérité ne soit point altérée par des rapports viciés et que les responsabilités, devant l'opinion, soient irréfragablement fixées.

C'est la démonstration évidente que dans cette journée du 5 février 1899, le droit des gens, les libertés publiques, les institutions, bases de l'état social et politique, ont été méprisées par les représentants de la République, qui ont la haute mission de les faire respecter, de protéger les citoyens et de garantir aux élus du suffrage universel le libre exercice de leur mandat.

C'est enfin la protestation vivante contre le système d'un gouvernement aveugle et sourd devant les aspirations mille fois répétées d'une population généreuse, assoiffée de vérité, de justice et à laquelle on ne pourrait faire qu'un seul reproche, celui de trop aimer la France, et de respecter sa ressource suprême : l'Armée.

Alger, le 8 Février 1899.

I

La suspension qui vient de frapper la Municipalité
et le Conseil Municipal d'Alger, est à la fois une
mesure impolitique, injuste et, peut-on dire, illègale.

Elle est impolitique, parce qu'elle va à l'encontre des
aspirations et des revendications populaires, nette-
ment exprimées dans les élections législatives, géné-
rales et municipales, et qu'elle perpétue une agitation
irréparablement nuisible aux intérèts de la ville.

Elle est injuste, parce que la Municipalité avait fait
des appels réitérés au calme et pris toutes les mesures
nécessaires pour le maintenir.

Elle est illégale, parce que, au mépris de la loi et en
l'absence d'un texte, le Préfet d'Alger a inauguré un
nouveau régime municipal qui consiste à substituer
aux représentants légaux d'une Commune (Maire et
Adjoints) un fonctionnaire d'un genre nouveau.

Enfin, cette suspension, par les actes de force qui
l'ont précédée et suivie, constitue une violation du
droit public par la prise de possession à main armée
de l'Hôtel-de-Ville, que rien ne menaçait, en dehors de
toute égalité. Jamais, dans les annales municipales,
sans que l'émeute ou l'état révolutionnaire en soit la
justification, il n'a été enregistré un coup de force
aussi monstrueux que répudieraient les monarchies
ou les régimes les plus autoritaires.

Ce n'est point le souci de l'ordre public menacé qui
donnera le change à l'opinion sur les intentions du
pouvoir central bienveillant, dans la circonstance, aux
fauteurs de troubles, ainsi que cela résultera de la
relation des faits.

Tous ceux que n'aveugle point l'esprit de parti,
reconnaissent que la Municipalité a fait son devoir.

L'exposé des faits établira sincèrement de quel côté
se trouvent la vérité et le beau rôle.

II

Dès que le voyage de Drumont, de Rochefort, de

Max Régis et de ses amis fut décidé, la Municipalité, dans l'éventualité des troubles rendus possibles par l'organisation des ligues intercommunales, en vue d'une contre-manifestation, avisa aux moyens de maintenir l'ordre.

Soucieuse avant tout d'assurer la tranquillité publique, la Municipalité écartait à dessein toute intention de participation directe et officielle à la réception organisée par le Comité Central d'Union Républicaine Antijuive, au cas où le député de la première circonscription ajournerait son voyage.

Ce qui le prouve c'est la note suivante publiée par la presse :

COMITÉ CENTRAL ANTIJUIF

Le Comité Central d'union républicaine antijuive, s'est réuni hier soir, à 9 heures, au café de Tantonville, sous la présidence de M. Baille, conseiller général d'Alger ; cette réunion avait pour objet d'arrêter les détails de la réception de MM. Rochefort, Ernest Roche et Max Régis, dont l'arrivée est annoncée pour dimanche, 5 février.

Une Commission d'initiative composée de douze membres, a été nommée à cet effet et le programme suivant, qui n'est que facultatif, a été arrêté en principe ;

A l'arrivée du bateau, manifestation pacifique ; le soir, banquet ; lundi, 6, meeting au Vélodrome de Mustapha ; jeudi, 9, meeting au faubourg Bab-el-Oued.

Le Comité Central et les Comités de quartiers ont décidé en outre, d'adresser à M. Drumont des dépêches, l'engageant à se joindre à MM. Rochefort, Roche et Régis, dans leur voyage en Algérie. Le Comité de la rue Marengo, a déjà hier soir, expédié sa dépêche.

La Municipalité témoignait ainsi de son impartialité, et ne s'en départit pas un seul instant, malgré les notes tendancieuses des journaux hostiles.

C'est ainsi que dans la note du jour du *Télégramme*, portant la date du 1er Février, le Maire d'Alger est qualifié d'entrepreneur de désordre, à l'occasion d'une retraite aux flambeaux *projetée* en l'honneur du député de la 1re circonscription :

NOTE DU JOUR

ENTREPRENEUR DE DÉSORDRES

Vous avez peut-être cru jusqu'à ce jour que le devoir d'un
Maire est d'assurer l'ordre dans la rue et de prendre toutes
mesures nécessaires pour éviter que de regrettables conflits entre
citoyens ne troublent le calme de la cité, et vous supposiez que
M. Régis était, en sa qualité de Français de récente date, seul à
ne pas comprendre ainsi les fonctions du premier magistrat
communal.

Vous étiez dans l'erreur la plus complète, car M. Voinot vient
de nous apprendre que toute la bande municipale qui a envahi
l'Hôtel-de-Ville, pendue aux basques de Milano, est persuadée
que sa plus légitime occupation doit consister à chercher des
occasions de troubler la paix publique et de préparer aux cheva-
liers de la matraque et du surin le moment propice d'exercer
leur talent sur les électeurs antijuifs, mais non milanistes, sans
courir le risque d'être reconnus et coffrés.

Or donc, les braves assommeurs dont Milano a fait ses gardes-
du-corps, ne pouvant « travailler » dimanche, en plein jour, au
moment de l'arrivée de Rochefort, sous l'œil méfiant des gendarmes, et la Municipalité tenant avant toute chose à être agréa-
ble à ses braves, à qui elle doit tout et bien d'autres choses
encore, on organise à la Maison Commune une retraite aux
flambeaux pour le soir. Là, dans la foule, les gens paisibles
pourront être passés à tabac sans danger, les cris de ceux qui
auraient le mauvais goût de ne pas se montrer satisfaits étant
couverts par les torrents d'harmonie dont seront inondées les
rues et les places. Et le Maire d'Alger, M. Voinot, qui veut
donner le plus d'éclat possible à cette fête, fait appel, dans une
lettre officielle, que nous avons sous les yeux, à toutes les
Sociétés de la Ville.

Si vous croyez maintenant que lesdites sociétés invitées sont
libres d'accepter ou de refuser de figurer dans le cortège des
admirateurs du toupet de M. de Rochefort, vous vous trom-
pez une seconde fois. Comme à peu près toutes les sociétés
sont subventionnées -- très maigrement — par la commune,
soyez certains que celles qui auraient l'audace de regimber seront
impitoyablement privées de la manne municipale. On aime la
liberté — pour soi — à l'Hôtel de Ville.

Et maintenant que vous avez appris que, d'entrepreneur de
travaux publics, votre Maire, Voinot, est devenu entrepreneur
de désordres publics, dormez en paix, citoyens d'Alger. Les

assommades en musique seront bien organisées dimanche, et Rochefort et Régis seront contents.

La *Vigie* du même jour, sous le titre : *Responsabilités*, et dans un écho, insinue que le Maire a chargé son adjoint, M. Castarède, de l'organisation du désordre public.

Voici cet article :

Un journal du matin nous apprend que les trente-cinq anarchistes que les Napolitains ont envoyés à l'Hôtel de Ville, organisent, pour dimanche soir, une retraite aux flambeaux, en l'honneur du triste sire qui voulait donner l'Algérie à l'Allemagne. Le vieux Boubou, en compagnie de qui Drumont lui-même n'ose pas se montrer, sera très certainement surpris de l'accueil que les amis de Régis lui ménagent, si toutefois la population algérienne les laisse faire. Il est possible, en effet, qu'elle change cette retraite en une lamentable déroute et qu'au bruit des fanfares se mêlent les accords des bidons à pétrole, sur lesquels les antijuifs parlaient de jouer jadis le Chant du Départ et la Marseillaise de la Cantère.

Je ne blâmerais pas, dans toute autre circonstance, les sous-charcutiers municipaux. Ces gens-là ne peuvent avoir que des idées saugrenues. Ils ont juré de se couvrir de ridicule.

On les laisserait préparer tranquillement leurs lampions si, par leur imbécilité, leur crétinisme, ils menaçaient simplement d'interrompre la circulation pendant une heure ou deux. Malheureusement, c'est toute la Colonie qu'ils vont peut-être troubler.

Personne n'ignore, sauf ces purs idiots, que l'autorité militaire se préoccupe beaucoup, en ce moment, de l'état d'esprit des Kabyles, dont Rochefort fut toujours un ardent défenseur. Je pourrais citer tels villages où les municipalités ont reçu mieux que des instructions. Qu'on nous permette de ne pas insister, encore que la chose soit le secret de Polichinelle.

Je ne parlerai pas davantage du rôle de certains étrangers qui, depuis des années, distribuent aux indigènes, en Kabylie notamment, des petits livres et de la poudre.

Ce n'est pas évidemment pour des prunes qu'ils font ce petit commerce dont ils espèrent tirer profit à un moment donné.

Il semble que ce moment soit proche, que l'heure soit venue de mettre le feu aux poudres dont on sait la provenance. Or, que les toqués de la Mairie le sachent bien : si la venue de Rochefort provoquait un mouvement quelconque, si un coup de fusil était tiré en Kabylie, ce n'est pas seulement la dissolution du Conseil municipal que l'administration demanderait, mais la mise en accusation de ces énergumènes. Boubou, Régis, ainsi que les Mazella et les Hours, seraient immédiatement arrêtés, à moins que le peuple ne les pendit haut et court.

Ils font, les uns inconsciemment peut être, le jeu de l'étranger. Le vieux bandit de l'*Intransigeant* se soucie fort peu que l'Algérie soit aux Allemands ou aux Anglais. L'essentiel est qu'elle ne soit pas à la France. Quant aux malfaiteurs municipaux qui le font venir et espèrent le retenir au moins jusqu'au Mardi-Gras, ils verraient volontiers la Colonie à feu et à sang. Qu'une insurrection éclate, que les colons soient assassinés, qu'est-ce que cela peut bien leur faire, pourvu qu'ils puissent se réunir une fois par semaine en gueulant : « A bas les juifs ! » Je crois même qu'ils ne seraient pas fâchés de voir l'Algérie proclamer son indépendance pour se nommer eux-mêmes quelque chose « dans les légumes », se fourrer des galons sur toutes les coutures et s'attribuer des traitements de ministre.

Reste à savoir si l'administration les laissera encore longtemps fomenter des troubles en promenant l'ex-compagnon de bagne des insurgés kabyles de 1871, et si les tribunaux ne les enverront pas quelque jour tenir leurs réunions secrètes à la Nouvelle. Il me paraît difficile qu'elle n'agisse point avec la dernière rigueur surtout si les évènements venaient confirmer les renseignements que tout le monde connaît et dont nous n'avions pas voulu parler jusqu'ici.

Que les fous furieux municipaux s'informent. Que le maire, suivi de Castarède et de Napoléoni, fasse une démarche auprès des autorités que je n'ai pas à lui désigner autrement. Qu'il réunisse ensuite son Conseil et qu'il télégraphie à Rochefort de rester à Marseille — ou à Endoume. C'est un bon conseil que nous lui donnons. S'il ne le suit pas, tant pis pour lui et ses amis. Ils seront rendus responsables de tout ce qui pourra se produire — et ils n'auront probablement pas ce jour-là envie d'illuminer,

Pierre Batail.

*
* *

Quant à l'écho du même journal, le voici également reproduit :

L'honorable M. V... du Pérou, vient, par lettre officielle, d'inviter *toutes les Sociétés de la Ville*, orphéoniques, fanfaresques, chantantes, braillantes, nautiques, cyclistes, gymnastiques, etc... à venir fêter l'arrivée du facteux Vascagat et du révoqué Régis. Le maire a chargé son adjoint, M. Castarapède, de l'organisation du désordre public.

Reste à savoir si les Sociétés répondront à l'invite de M. V... ? Les charcutiers, nous ne l'ignorons pas, puisent à pleines mains dans les poches pour subventionner les acrobates ou les joueurs de trombones-à-coulisse. Mais il est bon de rappeler également que, pour vivre, ces Sociétés diverses, ont besoin de l'autorisation du préfet, qui peut les dissoudre d'un simple coup de plume, s'il les juge susceptibles de troubler l'ordre ou d'être cause de scandales.

Or, les charcutiers passent — ils passent même rapidement, nos sous-Hours — et les préfets restent.

Il sera peut-être prudent, de la part des sociétaires ou clubistes, de réfléchir mûrement avant de se lancer à l'aventure dans la bagarre où les élus des naturalisés tentent de les entrainer. Nous avons d'excellentes raisons de croire qu'il pourrait leur en cuire.

*
* *

Le *Radical* du même jour, organe officiel des ligues, déguise mal des menaces à l'adresse des étrangers et trahit les intentions des perturbateurs par les conseils qu'il donne aux femmes d'éviter toute manifestation où des bousculades peuvent se produire.

Voici cet appel :

RÉCEPTION DE ROCHEFORT ET DE MILANO DIT RÉGIS

Dimanche prochain le Général Chanzy, et vous savez le navire est un bon marcheur, nous amènera d'illustres visiteurs.

1º Le Marquis de Rochefort-Luçay dit Vascagat.

2º Ernest Roche, son larbin.

3º Maximo Réggis Milano dit le calabrais.

Le révérend père Drumont, qui est malin comme un singe, il en a d'ailleurs le facies, on dirait un orang-outang mal peigné, a prétexté un rhume de cerveau.

Le cher homme n'osait pas se présenter devant ses Madeleines repenties avec la roupie au bout du nez.

C'était par trop dégoûtant. Il a renoncé, la mort dans l'âme, à la réception enthousiaste que les français lui préparent.

Mais si nous n'avons pas le bonheur de contempler les traits augustes de ce majestueux vieillard, nous aurons la satisfaction d'acclamer ses compagnons d'armes, ses frères en cléricalisme.,.

.. Le *Général Chanzy* sera à quai de bonne heure, peut-être avant 2 heures, il est de toute nécessité de ne pas traîner dans les délices du café et de se trouver premier aux quais pour avoir une bonne place.

D'un autre côté nous avertissons charitablement les femmes et les enfants de rester chez eux ou de diriger leurs pas vers les coteaux de Mustapha-Supérieur ou au Jardin-d'Essai.

Je serais heureux que mon avertissement soit compris des braves mères de famille. Dans une manifestation politique où des bousculades peuvent se produire, ce n'est pas la place d'une femme honnête.

Nous demandons aux maris qui ont des femmes réghistériques de les enfermer et de les doucher.

Et, si malgré nos conseils, des femmes osaient, nouvelles Marie Alacoque, venir adorer leur dieu Milano et hurler comme des viragos des insanités étrangères, elles n'auraient qu'à s'en prendre à elles-mêmes si de bons citoyens les rappelaient un peu durement au respect de leur sexe.

Mesdames, restez chez vous, ne laissez pas sortir vos enfants, laissez les hommes faire œuvre virile.

Soyez femmes, soyez mères de famille.

Les arabes, sujets français, connaissent les sentiments de la Mère-Patrie à leur égard. Ils savent la bonté et la générosité de la France, ils ne voudraient pas prendre fait et cause pour les ennemis de la France contre les Français d'origine.

La loi leur interdit toute manifestation et punit de la peine de l'internement toute démonstration politique dans la rue.

Nous aimons à croire que les braves indigènes, se souvenant des bienfaits de la France, se tiendront tranquilles et resteront en dehors de nos querelles politiques.

Reste les étrangers. A ceux-là encore je dirai, dans leur intérêt, restez chez vous. Ne vous mêlez pas de nos querelles, contentez-vous de vivre ici heureux, à l'abri de nos lois, de nos libertés, de notre large hospitalité.

Nous sommes heureux d'accueillir toutes les bonnes volontés. Tendre la main à des frères, de quelque pays qu'ils viennent, est pour nous un devoir qui nous est doux. Mais ce que nous ne pouvons supporter, ce que nous ne souffrirons jamais, c'est de voir ces invités, que nous aruons acceptés à notre table, vouloir mettre les pieds dans le plat et nous dire :

« La maison est à moi. Il faut en sortir ». Restez chez vous, Messieurs les étrangers, car l'arrêté d'expulsion, comme une épée de Damoclès, est suspendu sur vos têtes et au premier bruit, au premier tumulte, à la première manifestation, on vous chassera de cette terre promise qu'est notre Algérie.

Souvenez-vous que l'Algérie appartient aux Français, et tant qu'il y aura des Français sur cette terre, l'étranger ne commandera pas.

A. Talhouidec.

* * *

La presse hostile devient de plus en plus violente.

Dans la note du jour du *Télégramme* portant la date du 2 février, le Maire d'Alger, n'est plus comme la veille, un entrepreneur de désordres, il devient assommeur.

Cette note est intitulée :

CHEFS DE BANDES

Si M. Voinot, maire d'Alger, écrit-on dans le *Télégramme*, s'essaye à l'organisation du désordre dans la rue, M. Mauguin, maire de Blida, est depuis longtemps passé maître en cet art.

Nous n'avons pas encore oublié les détails de la petite fête que l'ami de Pourailly, avec le concours des souteneurs de la Casbah, avait organisée pour l'arrivée de Drumont et de Marchal. Au cours de cette manifestation des sympathiques amis de M. Mauguin, les œufs pourris devaient remplacer les fleurs de la Ville des Roses, et les chourineurs patentés de M. le Maire étaient préparés à « faire la peau » au moins à une ou deux paires d'anti-juifs de marque.

L'enthousiasme des administrés honnêtes du protecteur de Sapor empêcha seul les messieurs à haute casquette de conscien-cieusement travailler et il n'y eut que notre ami Jacquas qui reçut dans le dos naturellement, ces braves gens n'opérant pas autre-ment, une longue et douloureuse estafilade.

Et au cours de l'enquête qui suivit ce guet-apens, il fut démon-tré que certains agents de la police blidéenne étaient « de mèche » avec les chourineurs et que l'embauche avait été faite au su du Maire de Blida, si ce n'est pas avec son autorisation cu même par son ordre.

On croyait peut-être, à Blida, que le protecteur de Lazeu — encore un bien brave garçon — s'en tiendrait à cet essai plutôt malheureux. C'était bien mal connaître le personnage.

Mauguin a voulu sa revanche et ce n'est que par un hasard providentiel qu'il ne l'a pas eue, car ce n'est pas la bonne volonté

qui a manqué à l'auteur de l'attentat dont nous donnons plus loin
les détails.

L'ex-sénateur comptait, sans nul doute, que le coup de matraque asséné sur la tête de Bonnet le débarrasserait d'abord d'un
dangereux adversaire et provoquerait en même temps quelques
troubles, au cours desquels SA police, en un rapide coup de filet,
coffrerait et ferait ensuite condamner sévèrement par SES magis-
trats pour rixes, tapage, insulte aux agents, etc., etc., ses ennemis les plus acharnés. Et Mauguin, sans un hasard providentiel,
aurait réussi.

Est-ce que l'administration supérieure va longtemps permettre que soit continué ce régime de terreur, sous lequel étouffe
notre coquette voisine? Si la mauvaise administration de Mauguin
qui, pour tout autre, eût entraîné depuis longtemps une révoca-
tion, d'ailleurs méritée, ne suffit pas à M. Lutaud pour justifier
pareille mesure de rigueur, il nous paraît que l'attentat d'hier,
après celui dont Jacquas fut victime, est de nature à lever ses
scrupules.

A moins pourtant que les maires n'aient, depuis peu de temps
et à notre insu, acquis le droit d'assommer ou faire assommer
ceux de leurs concitoyens qui ne les admirent. En ce cas, M. Mauguin et après lui M. Voinot, méritent les éloges de l'administration. Quand, en effet à Blida, Mauguin crie : « tue » ; à Alger,
M. Voinot répond immédiatement : « assomme ».

T..

*
* *

Alors que la retraite aux flambeaux doit être, au su
de tout le monde, exclusivement organisée en l'honneur du député de la circonscription, le *Télégramme,*
dans un écho du 3 février, insinue que les fonds com-
munaux seront dépensés en l'honneur de Rochefort.

Cette assertion est d'autant moins exacte, que la
retraite aux flambeaux n'a pas eu lieu par suite du
télégramme du député d'Alger, annonçant l'impossi-
bilité où il se trouvait de se joindre à nos autres visiteurs.

Par conséquent les deniers de la Ville sont restés
dans leur caisse, comme ils y seraient restés si la retraite avait eu lieu, les dépenses de réception devant
être couvertes par des souscriptions individuelles.

*
* *

Toujours le 3 février, dans le *Télégramme*, le Maire Voinot est signalé comme un chef de bande tout comme Bertagna et Mauguin.

Voici dans quels termes :

UNE TRILOGIE

C'est le titre que nous aurions dû donner à nos précédentes « Notes » qui, avec celle de ce jour, forment bien ce que Larousse appelle « une série de trois pièces dramatiques dont les sujets font suite les uns aux autres ».

Les faits relevés par l'Inscription Maritime de Bône à l'encontre du Maire de cette ville sont bien dignes de figurer, en effet, en série, à côté des désordres préparés par le Maire d'Alger et des tentatives d'assassinat organisées par le Maire de Blida.

Quand ils quittèrent l'Algérie, après leur sentimentale ballade dans le Tell et aux confins du désert, les commissaires enquêteurs de l'élection Thomson, qu'avait par trop absorbés la défense de l'intérêt juif, déclarèrent qu'il n'y avait rien de bien grave à retenir dans les doléances de nos amis. A les entendre, les scandales de Stora et de Bône étaient inventés par des courtiers électoraux aveuglés par la passion politique, et les électeurs napolitains de Bertagna étaient d'inoffensifs agneaux incapables de se livrer à la moindre fraude.

Et nous étions tous navrés et indignés aussi de voir des républicains sur l'impartialité desquels nous avons cru pouvoir compter, prendre ouvertement parti contre nous, parce que, avec de grandes phrases sur les immortels principes et les droits de l'homme et du citoyen, les douze tribus d'Israël étaient parvenues à leur faire prendre les vessies bertagnistes pour d'éblouissantes lanternes.

Il n'y a pas eu de scandale, disait M. de Lanessan, et tout s'est passé le plus correctement du monde, affirmait M. Charles Bos. Il n'est pas jusqu'à M. Decker-David qui n'était convaincu de la parfaite légalité de l'élection de Thomson. Que vont dire maintenant ces commissaires trop loquaces en apprenant qu'à Bône seulement et pour ne parler que des marins : 35 ont voté quoique absents ; 10 bien qu'ayant quitté la ville depuis plusieurs annécs ; 40 sans figurer sur les listes électorales. Total 85 voix mal acquises.

Cela fait, avec les 92 bulletins nuls avoués par le maire de Stora, un total de 177 suffrages à défalquer de la maigre majorité de Thomson. Et il est permis de supposer que ce n'est là qu'une

faible partie des opérations malpropres auxquelles se sont livrés
les Thomsoniens et les Bertagnistes. Avec de pareils procédés,
il est surprenant que Morinaud soit député et que nos amis de
Constantine soient en majorité au Conseil Général et dans les
Conseils Municipaux.

L'annulation de l'élection de Thomson ne peut donc plus donner lieu à la moindre discussion à la Chambre. Mais que devons-
nous penser de l'élection de Bertagna. Si le Maire de Bône a rait
voter illégalement 85 marins pour son ami Thomson, combien
en a-t-il dû faire voter pour lui-même ?

Avons-nous si grand tort de dire que Mauguin, Voinot et Bertagna forment un délicieux trio ?

T.

*
* *

La provocation de la presse hostile est donc évidente ; son antisémitisme de commande n'est qu'un
trompe l'œil destiné à rallier le plus d'adhérents possibles aux diverses ligues dont les nombreux appels
et réunions indiquent clairement les intentions.

Voici à la date du 3 février dans la *Vigie*, un entre-
filet significatif :

RÉUNION DE LA LIGUE ANTICLÉRICALE

Hier au soir, à 8 h. 1/2, se sont réunis à la salle des Pyramides, à Mustapha, cinq cents membres environ de la Ligue
anticléricale. uniquement composée de Français d'origine.

Après plusieurs discours, les membres présents ont décidé à
l'unanimité, de se rendre dimanche prochain à l'arrivée de Vascagat, pour lui témoigner d'une façon irrécusable, les sentiments
dont la population vraiment française d'Alger est animée à
son égard.

Chaque ligueur sera armé d'un sifflet-sirène, et d'une demi-
douzaine d'œufs pourris. Un groupe spécial sera muni de co-
quilles d'œufs, remplies de noir de fumée. de farine ou de sex-
quioxyde rouge de fer, de façon à barioler le vieux citron déco-
loré de Boubou-Rochefort.

Un concours est même organisé et des récompenses seront ensuite décernées à chaque « mouche ».

Quatre mouchards Régistériques qui s'étaient glissés dans les
rangs de nos braves ouvriers n'ont pas eu le temps d'assister à la
discussion de ces intéressantes résolutions. Ils ont été proprement
expulsés sans pourtant que le moindre mal leur ait été fait.

Ils s'en sont allés, tremblant, raconter aux calabrais-hispano-maltais, ce qu'ils venaient de voir, en renseignant un journal du matin sur la destination des nombreux sifflets achetés depuis plus d'une semaine. Nous espérons que le susdit quotidien sera fixé maintenant et nous ne demandons plus, en échos, à quoi serviront ces sifflets ! Qu'il attende du reste trois jours encore, et il en sera définitivement sûr.

Pour démontrer quels sont les projets belliqueux concertés dans les réunions des différentes ligues, il suffit précisément de reproduire les articles de journaux favorables aux ligues.

Les voici :

LIGUE RÉPUBLICAINE ANTICLÉRICALE
DES FRANÇAIS D'ORIGINE

L'abondance des matières nous a empêché de donner hier l'ordre du jour voté à la suite de la réunion tenue dans la Salle des Pyramides.

Ordre du jour :

Les membres de la Ligue républicaine anticléricale de Mustapha réunis au nombre de 600, s'engagent à manifester par tous les moyens les sentiments de répulsion et de dégoût que leur inspirent le royaliste et clérical Drumont, le traître Rochefort et le calabrais Milano.

A cet effet ils se réuniront en nombre pour assister au débarquement de ces sinistres farceurs.

Par la réception qu'ils leur feront, ils montreront à ces charlatans en patriotisme que les républicains d'Algérie ne sont pas dupes de leurs menées jésuitiques, et qu'il y a encore ici des bras et des poitrines vraiment françaises et républicaines à opposer à la tourbe cosmopolite qu'ils dirigent.

Puisque ces bandits politiques veulent étouffer la République, c'est au cri de : « Vive la République ! » que nous les combattrons. Citoyens, vive la France ! Vive la République !

Ligues Françaises Républicaines. — Les ligueurs des 4 Ligues sont invités à se rendre sans abstention à la réunion générale, samedi 4 courant, à 8 heures et demie du soir, dans la Salle des Pyramides (Champ-de-Manœuvres, à Mustapha).

Divers orateurs sont inscrits.

***

Les membres de la Ligue Française Républicaine Antijuive de

Bab-el-Oued, réunis le jeudi 2 courant, ont adopté l'ordre du jour suivant :

« Les Français d'origine dénoncent à toute la population Française algérienne, les calomnies systématiques de la presse séparatiste de Saint-Vincent-de-Paul qui, pour les besoins de leur cause, donnent de nos réunions, des comptes-rendus faux et hypocrites.

Affirment leur attachement à la France et à la République, se déclarant sincères antijuifs, mais répudient toute compromission cléricale — séparatistes et n'acceptent que les adhésions Françaises et les bonnes volontés des nouveaux Français à l'exception exclusive des juifs.

Vouent à l'indignation générale ces manifestations réactionnaires et antifrançaises préparées savamment par le trio Drumont-Rochefort-Milano, manifestations qui ne servent qu'à compléter la ruine de l'Algérie pour le plus grand bien des juifs et de la calotte.

Décident, en conséquence, de se munir de sifflets et d'aller, en groupe, recevoir comme elle le mérite cette nouvelle et funeste trinité.

La séance est levée aux cris de :

Vive la France !

Vive la République !

Vive l'Algérie !

A bas les juifs !   *(Radical.)*

RÉUNION DE LA LIGUE FRANÇAISE

Les membres de la Ligue Républicaine française se réunissaient hier au soir, au nombre de deux cents environ, dans leur salle de réunion, à Bab-el-Oued, malheureusement trop petite pour les contenir tous.

L'ordre du jour suivant est adopté à l'unanimité :

« Les Français d'origine dénoncent à toute la population algérienne française les calomnies systématiques de la presse séparatiste et de Saint-Vincent-de-Paul qui, pour les besoins de leur cause, donnent, de nos réunions, des comptes-rendus faux et hypocrites.

« Affirment leur attachement à la France et à la République ; se déclarent sincères antijuifs, mais répudient toute compromission cléricale et séparatiste et n'acceptent que les adhésions françaises et les bonnes volontés des nouveaux Français, à l'exception exclusive des juifs.

«. Vouent à l'indignation générale ces manifestations réactionnaires et antifrançaises, préparées savamment par le trio Drumont-Rochefort-Milano, manifestations qui ne servent qu'à compléter la ruine de l'Algérie, pour le grand bien des juifs et de la calotte.

« Décident, en conséquence, de se munir de sifflets et d'aller recevoir, comme elle le mérite, cette nouvelle et funeste trinité. »

Pendant la réunion, une petite bande d'hispano calabrais manifestait au dehors sa rage impuissante en vociférant : « Vivo el Drumonto ! vivo el Rochefuerto ! vivo el Régiss ! »

On les a laissés, tels de petits caniches, aboyer à la porte.

A l'issue de la réunion, et comme les ligueurs sortaient, ils ont fui dans toutes les directions, se contentant de hurler à distance !..

Pour bien montrer qu'ils ne craignaient point d'affirmer hautement leurs sentiments français et républicains, pour témoigner qu'ils ne se cachaient point pour agir, comme le leur reprochait, il y a quelques jours, un organe jésuitique, les ligueurs ont parcouru les principales rues de ce quartier régistérique où pullulent, comme les poux sur la tète d'un *mesquine*, les adorateurs macaroniques de Milano, en faisant puissamment retentir les échos de ces demeures à Madones, des cris de : « Vive la France ! vive la République ! à bas Milano ! »

Un jeune adorateur de Barbapoux et Cⁱᵉ s'étant un peu trop approché, a reçu une légère *mornifle*.

Dans la rue Bab-el-Oued, les Français ont été acclamés pendant que des Calabrais restaient terrés dans leurs ghettos.

Bravo ! courageux citoyens, d'être allé porter le drapeau de la France dans cette citadelle ennemie. Votre exemple sera suivi et bientôt nous en récolterons les fruits, en fermant à tout jamais la .. bouche à ces braillards cosmopolites, dignes complices de ceux qui rèvent de faire de l'Algérie une terre allemande !

La note comique a été donnée par quelques braves Mahonnais et régistériques qui sont tombés en syncope en entendant blasphémer le nom de leur petit Jésus.

Le canard aux jésuites partage ce matin leur étonnement. Il ne peut pas comprendre qu'il se trouve des Français ayant assez de dignité pour secouer le joug tyrannique que voulait leur infliger leur digne patron.

Pensez donc, il se trouve. « une bande qui profère des injures contre les régistériques'...» Peut-on concevoir pareille infâmie'... On en est tout baba.

Et dire pourtant que ces pauvres — mais malhonnêtes — gens n'en sont qu'au commencement de leurs désillusions ! Cela me

rappelle l'histoire de cette petite fille qui pleure à côté de sa grande sœur,

— Qu'as-tu donc, lui demande la maman, ta sœur t'a-t-elle fait du mal ?

— Non, mais elle ne veut pas que je lui coupe les cheveux.

*
* *

Dans la réunion tenue avant-hier dans la salle des Pyramides, l'ordre du jour suivant a été voté à l'unanimité par les ligueurs de la Ligue Républicaine Anticléricale des Français d'origine.

« Considérant que Rochefort demandait que l'Algérie soit cédée à la Prusse, qu'il est en outre l'homme sur qui toute la tourbe réactionnaire et séparatiste compte pour mener à bien la perte de la République et empêcher le progrès émancipateur d'aboutir aux réformes sociales attendues par tous les travailleurs, propose à l'assemblée de recevoir ce transfuge de tous les partis par des bordées de sifflets et aux cris de :

« Vive la République !
« Vive la France !
« A bas la Calotte !
« Vive l'Algérie !

« Pour le Comité :

« VUILLEMAIN. »

NOTA. — Pour tous les renseignements concernant les différentes ligues, s'adresser au café de l'Ardèche, 34, rue Michelet, Mustapha.

(Vigie du 4 février.)*

*
* *

LA RÉUNION D'HIER SOIR

Hier soir, à 8 heures 1/2, les diverses ligues françaises d'Alger étaient réunies dans la grande salle des Pyramides. Plus de deux mille citoyens avaient répondu à l'appel fait par leurs bureaux respectifs.

Après la formation du bureau, plusieurs orateurs ont pris la parole en vue de la réception à faire au renégat Rochefort qu'accompagne le fumiste Milano.

L'entente a été parfaite et c'est à l'unanimité qu'il a été décidé que tous les Français d'Alger iraient, à l'arrivée du bateau, protester par leur présence et leurs coups de sifflet contre ceux qui ne viennent ici que pour tâcher de faire renaître les jours de trouble et de pillage.

La grandiose et patriotique réunion d'hier soir nous prouve une fois de plus que les Français savent s'unir lorsque la Patrie est en danger. ·

On s'est séparé aux cris de : Vive la République !

(*Radical* du 6 février.)

***

ÉCHOS

J'ai assisté, hier soir, à la réunion des ligues françaises fédérées pour la défense de nos nationaux en Algérie.

On nous avait dit : « Il y a là des éléments très divers, des ligues de travailleurs, des Associations de Mustapha, des Sociétés de Bab-el-Oued, mais chacun des membres remise momentanément sa cocarde plus ou moins foncée, pour n'arborer en face de l'étranger menaçant l'Algérie, que la cocarde française. Chaque groupe, tout en gardant son autonomie, considère qu'avant tout il s'agit de faire l'union entre Français d'origine et aussi de faire abstraction de ses préférences personnelles, dans l'intérêt suprême de la République sapée par la cléricaille. »

Mais le cadet des soucis de la plupart des orateurs a été précisément l'organisation pour laquelle on était convoqué.

Tandis que quelques citoyens qui, jamais ne faillirent au devoir républicain, qui ne se compromirent en de louches alliances, prononçaient de sages paroles toutes vibrantes de patriotisme, d'autres qui, hier encore, s'accrochaient aux basques de Régis, soutenaient Drumont et louangeaient Rochefort, étaient les plus féroces pour ces derniers

Cette soudaine indignation, ce brusque retournement de vestes sont plutôt comiques ; nous ne saurions nous en plaindre en ce moment, mais il est amusant que ce soient précisément ceux-là auxquels nous sommes redevables du fléau réactionnaire dont nous voulons nous débarrasser, qui tentent de diriger le mouvement.

***

Les « purs » antijuifs, peu rassurés, ont été demander protection au Préfet, auquel ils prodiguent les épithètes les plus variées et les moins obligeantes. Nous ne savons ce que M. Lutaud leur a répondu, mais les « purs » peuvent être rassurés. Les Français n'entendent point susciter des troubles sur la voie publique ; ils se contenteront de siffler et de faire au vieux macaque une réception digne de lui, et ils ne répondront par des arguments frappants que si on les provoque.

Ces « animaux » ne sont pas méchants, mais ils ne veulent pas qu'on les em...bête.

* *

Les nombreuses Sociétés d'Alger, de Mustapha, de Saint-Eugène ne paraissent pas très pressées de répondre à l'appel que leur a adressé M. Voinot du Pérou, maire, pour quelques jours encore, d'Alger. Elles ont, nous dit-on, refusé d'aller recevoir celui qui voulait céder l'Algérie aux Allemands, avec un ensemble parfait. Une seule, qui a des attaches avec la Mairie d'Alger, ferait exception à la règle.

Nous espérons que l'autorité préfectorale usera de son droit de dissolution envers cette Société si, toutefois, elle ose paraître aujourd'hui sur la voie publique au moment de l'arrivée des factieux.

* *

M. V... disait hier à quelques intimes : « Si le Préfet veut avoir sa « journée », j'aurai aussi la mienne ».

Et M. Trochu du Pérou exposait son plan, bien simple, consistant à faire englober par sa police, aidée des troupes antijuives, les ligueurs protestataires et de les refouler du côté du Palais Consulaire afin de dégager les rampes que doivent gravir les voitures conduisant Boubou et ses amis.

M. V... ajoutait négligemment : « Nous les immobiliserons, et s'il en est qui fassent les rodomonts, nous les coffrerons dans le hall du Palais Consulaire. »

Nous avertissons charitablement M. du Pérou qu'il pourrait se tromper dans ses combinaisons et qu'il agira prudemment en renonçant à son projet.

(*Vigie* du 6 Février).

* *

RÉUNION FRANÇAISE SALLE DES PYRAMIDES

Trois mille Français avaient répondu à l'appel des Ligues françaises, républicaines, antijuives et antirégistériques.

Le bureau, sur la proposition de M. Jouve est constitué par acclamation de la façon suivante :

Président, MM. Kuntz ; vice-président, Manin ; secrétaire, A. Castéran ; assesseurs : docteur Blaise, M. Montanié.

Le président, après avoir remercié l'assemblée de l'honneur qu'elle lui faisait, a donné la parole au citoyen Montanié, qui s'est déclaré heureux de constater qu'il y avait des étudiants à la réunion en dehors de la nombreuse assistance d'ouvriers français et de fonctionnaires de tous ordres,

Puis l'orateur a fait le procès de Rochefort à qui les Marseillais ont fait l'honneur du hors-d'œuvre. Il appartient aux Algériens de lui réserver l'entremets, le rôti et le dessert. (*Applaudis-sements*).

M. Kuntz a lu le supplément gratuit du *Télégramme*, au sujet de l'embarquement en musique de Milano, et la salle, enthousiasmée, a acclamé ce journal.

Le citoyen Pradelle, Maire de Mustapha, s'est ensuite exprimé en ces termes :

« Citoyens,

« Il ne s'agit pas, ici, d'applaudir des deux mains, il faut que
« tous nous allions demain manifester nos sentiments à l'arrivée
« de celui qui a proposé de vendre l'Algérie aux Allemands.

« Rochefort vient ici pour provoquer des troubles dans notre
« pays, les Algériens ne doivent point le permettre. Profondé-
« ment attachés à la Mère-Patrie, foncièrement républicains, nous
« ne devons pas oublier que nous sommes antijuifs et que c'est
« au cri de : Vive la République ! A bas les juifs que nous devons
« marcher ».

Un tonnerre d'applaudissements a accueilli ces paroles.

A ce moment, on est venu avertir le bureau qu'une cinquan-taine de Milanistes cherchaient à forcer le contrôle. Quelques citoyens ont aussitôt bondi à l'entrée et repoussé vigoureuse-ment cette attaque.

Notre confrère Le Talhouïdec a donné aux Ligueurs d'excel-lents conseils sur la ligne de conduite à tenir, et le citoyen Merlé a fait un réquisitoire contre le Vascagat attendu.

Notre ami Castéran a ramené aussitôt la question sur son véritable terrain en montrant Milano comme le plus responsable des évènements que nous déplorons et dont l'Algérie entière souffre.

De chaleureux applaudissements ont souligné la péroraison du vibrant discours de notre confrère, et M. Gérente. sénateur, en un style châtié, a condamné les agissements des politiciens sans vergogne qui ont accaparé les pouvoirs pour favoriser leurs amis et aussi... leur caisse.

L'orateur a expliqué ensuite le rôle des inconscients qui vont à l'urne sans se rendre compte de la portée de leur acte.

Il a protesté contre ces procédés qui vont à l'encontre de tout sentiment républicain : « Régis et Rochefort, s'est écrié M. Gérente, ont dénaturé ce sentiment... »

Des acclamations unanimes ont salué cette finale,

M. Cat et le Dr Blaise ont terminé en termes heureux la série des discours, et le Président a lu l'ordre du jour suivant adopté à l'absolue unanimité :

Les membres de la Ligue Anticléricale de Mustapha engagent tous les ligueurs réunis, d'aller demain, munis de sifflets, recevoir, comme ils le méritent, le calabrais Milano et le renégat, le marquis Luçay de Vascagat, ils s'engagent à se réunir les plus nombreux possible à l'endroit que chaque Ligue désignera à ses membres.

La séance a été levée aux cris de : A bas les juifs ' Vive la France ! Vive l'Algérie ! A bas Milano !

Bonne soirée pour la cause patriotique contre les séparatistes et les renégats,

(Télégramme du 5 février.) Louis CINGLAY.

LA JOURNÉE D'AUJOURD'HUI

La Ligue des Travailleurs partira à midi, du café de l'Ardèche, 34, rue Michelet.

La Ligue de Bab-el-Oued partira du café Faure, à la même heure.

La Ligue Anticléricale de Mustapha partira à midi, de la Salle des Pyramides.

L'Union Française se réunira à midi, au Café de Bordeaux.

Les membres des groupes anarchistes d'Alger-Mustapha, ayant résolu de recevoir Henri Rochefort comme il le mérite, se réuniront aujourd'hui, à une heure, sur la place du Gouvernement, en face le Café du Sahel. Ils comptent sur l'exactitude de leurs amis qui auront à cœur de faire leur devoir.

Pour les Groupes :
PRADAL, BERTHET, KERMABO, PLANÈS.

La Fédération de l'Union française et républicaine de l'Algérie, de la Ligue algérienne des Travailleurs français, de la Ligue républicaine anticléricale de Mustapha, de la Ligue républicaine antijuive de Bab-el-Oued, adresse aux Français d'Alger et des cités voisines, l'appel suivant :

Il va venir dans notre Cité républicaine les pires ennemis de nos institutions : Rochefort, le pamphlétaire, qui proposait de céder notre Algérie aux Allemands, et l'homme qui l'amène est Régis-Milano, le fauteur de troubles, qui croyait faire la loi à la

France, qui, dans son orgueil fou, a laissé échapper des paroles de séparatisme réprouvées par tous les Algériens.

Ces agitateurs viennent pour prolonger l'ère des désordres : la Municipalité actuelle leur prépare une réception triomphale.

Français et Républicains, nous avons le droit de protester contre ces agissements, et c'est aussi notre devoir.

Nous faisons appel aux Français de race et à ceux des Natura.lisés qui sont Français de cœur, qu'ils n'aillent point grossir les cohortes des réactionnaires, des césariens et des séides de Régis ; qu'ils viennent manifester avec nous, avec les vrais Français et pour la France.

Vive l'Algérie Française !

Vive la République !

(*Télégramme* du 5 février)

***

Le but des ligues à la tête desquelles ne figuraient que des fonctionnaires de l'Université, des membres de la Municipalité précédente dépossédés de leur mandat et des francs-maçons ou philosémites avérés, sectaires militants, était donc d'organiser le désordre alors que la Municipalité s'appliquait à assurer l'ordre par tous les moyens en son pouvoir.

Il est hors de doute que les ligueurs, presque tous sûrs de l'impunité et de l'immunité inhérentes à leurs fonctions, cherchaient à la faveur des troubles, à imputer à la Municipalité, la responsabilité des incidents prévus.

La liberté politique a des limites que leurs provocations intéressées ont dépassées ; et on ne peut nier que les fonctionnaires, astreints à la plus grande réserve, n'aient préparé ce mouvement par ordre.

Dans l'*Express* nous puisons une indication précieuse sur le rôle joué par les hommes d'ordre. Que l'on en juge :

A M. LE BARON-SIFFLEUR

Le baron de Vialar est un personnage très amusant. Il est homme de bon sens et de calme ; on nous l'avait dit, lui-même le répète. C'est pourquoi il se promènera, dimanche, avec un beau sifflet tout neuf, sur le boulevard, que doivent arpenter, en même temps que lui, quatre cents ou quatre mille hommes de calme, armés du même sifflet.

Il ne faut pas, dit-il, que Rochefort vienne ici renouveler désordre ou tapage ; et c'est pour qu'on ne fasse pas de bruit dimanche qu'il épuisera ses robustes poumons à siffler dans un tuyau habilement machiné pour produire le plus aigu et le plus dédaigneux des sons.

Cela est d'une logique un peu suspecte. A part cela, M. le baron parle fort bien. Evidemment, le Gouvernement a grand tort de vouloir nous *donner une leçon* en modifiant la loi sur les étrangers et celle du recrutement. On ne gouverne pas un pay-en donnant des leçons pareilles.

Mais comment diable M. de Vialar a-t-il besoin d'un sifflet pour dire des choses aussi sensées ?

E. A.

Comme on vient de le voir, les appels à une manifestation tumultueuse, à des excitations malsaines n'ont pas manqué dans la Presse qui se pique de représenter l'ordre dans les rues.

Et cela se produisait pendant que la Municipalité s'efforçait, par tous les moyens, de prévoir, de prévenir et d'arrêter les mesures les plus efficaces en son pouvoir.

L'agitation et les menaces partaient ouvertement des ligues. Les bruyants avis se répétaient tous les jours. Dès le 30 Janvier, le Maire se préoccupait de la situation, et dans ses entretiens avec le Commissaire Central, il envisageait l'éventualité des troubles.

Ce fonctionnaire oscillant entre l'alternative de déplaire à l'Autorité Supérieure et de renseigner le Maire, répondait évasivement que la contre-manifestation projetée reposait sur de faux bruits, que c'était un épouvantail, etc...

Cependant l'arrivée de M. Drumont paraissait certaine. Plusieurs dépêches de M. Lionne, adressées aux Comités, l'annonçaient. Il était du devoir de le recevoir officiellement. A cet effet, une Commission municipale avait été chargée d'élaborer un programme de fêtes, qu'elle devait exécuter.

Les dépenses, d'ailleurs, devaient être couvertes, ainsi que cela a été dit, par des souscriptions, recueillies dans chaque Comité.

A la date du 30 Janvier, le Maire écrivait aux Présidents des sociétés musicales la lettre ainsi conçue :

Alger, le 30 Janvier 1899.

Monsieur le Président,

Une commission a été désignée pour organiser, à l'occasion de l'arrivée de M. Drumont, député de la 1re circonscription, une retraite aux flambeaux qui aurait lieu le dimanche 5 février. En de vue donner le plus d'éclat possible à cette retraite, cette commission fait appel à mon intervention pour prier votre société de lui prêter son concours. Afin d'en arrêter l'organisation, les présidents des diverses sociétés sont priés d'assister à la réunion préalable qui aura lieu à l'Hôtel-de-Ville, le jeudi, 2 février prochain, à 5 heures du soir.

Je vous prie instamment de vouloir bien assister à cette réunion ou, dans le cas d'empêchement, de votre part, vous y faire représenter, ou bien encore y faire parvenir l'adhésion de votre société avec l'indication du nombre de membres qui pourront y participer.

Il résulte de cette lettre que la retraite aux flambeaux n'était projetée officiellement qu'au cas de l'arrivée du député de la circonscription. Ce qui corrobore cette affirmation, c'est la dépêche suivante adressée à Max Régis le 1er Février :

Max Régis. Monte-Carlo.

Conseillers Municipaux se joindront comme citoyens au Comité central qui préside à l'organisation complète réception qu'il prévoit grandiose. En présence situation toute particulière et en raison absence député d'Alger, Comité a décidé inopportune participation officielle municipalité.

Signé : VOINOT.

En cet état de choses, le Comité central adressait au Maire, à la date du 1er Février, la lettre suivante :

Alger, le 1er Février 1899.

Monsieur le Maire,

Le Comité central antijuif, qui a présidé à l'élection de la Municipalité, à la tête de laquelle vous vous trouvez, réuni hier soir en séance plénière, sous ma présidence, a décidé :

1º Que Rochefort venant à Alger en simple particulier, il était sage pour la Municipalité d'éviter de prendre part officiellement, tant à la réception qu'aux manifestations concernant son arrivée, espérant qu'individuellement et d'une manière privée, tous les membres du Conseil Municipal assisteraient comme nous à l'arrivée de l'éminent journaliste qui nous tend une main que, dans l'intérêt de l'Algérie, nous devons serrer avec empressement ;

2º Que la manifestation proposée revêtirait un caractère de protestation contre les menées dreyfusardes que Rochefort a si vaillamment combattues ;

3º Que les manifestations devront être grandioses et imposantes sans que les manifestants se départent du calme que nous leur avons toujours recommandé ;

4º Que la présente vous serait adressée par mes soins, surtout dans le but de vous faire connaitre que nous avons été avisés que des perturbateurs se proposaient de compromettre l'ordre et la sécurité de la rue, en troublant par des contre manifestations violentes, la réception toute amicale que nous nous proposons de faire.

Le Comité central espère que le premier magistrat de la cité saura, par de sages mesures, éviter les provocations auxquelles les manifestants pourraient se trouver en butte, ce qui occasionnerait certainement des troubles d'une gravité dont nous déclinons d'ores et déjà toute responsabilité.

Veuillez agréer, etc...

Pour le Comité Central,
Signé : BAILLE.

Ces intentions étaient d'ailleurs corroborées par la note suivante publiée par l'*Express* du 1ᵉʳ Février :

COMITÉ CENTRAL

Le Comité central d'Union Républicaine Antijuive s'est réuni, hier soir, à neuf heures, au café Tantonville, et a arrêté les détails du programme de la réception de MM. Rochefort, E. Roche et Max Régis. Cette réception, tant par son programme que par l'affluence sympathique de la population, promet d'être grandiose.

Un banquet et plusieurs meetings populaires auront lieu, et les chefs de l'Antisémitisme pourront, entre temps, aller visiter les Comités de quartier, qui leur réservent un accueil enthousiaste.

Une Commission d'initiative est chargée de régler les détails de cette réception.

COMITÉ DE QUARTIER

Le Comité antijuif des quartiers de la rampe Valée et rue Marengo prie les électeurs antijuifs desdits quartiers de vouloir bien assister à la réunion qui aura lieu ce soir, mercredi, 1er Février, à 8 h. 1/2, dans un des salons du café Robert Régis, rampe Valée.

COMITÉ CENTRAL ANTIJUIF DE MUSTAPHA

Les membres sont convoqués en réunion générale, mercredi soir, 1er Février, à 8 h. 1/2, à la Brasserie de Strasbourg.

Présence indispensable. — Mesures urgentes.

Ce document, ainsi que la note de concordance du Comité établissent une fois de plus l'intention bien arrêtée, de la Municipalité, de ne pas donner un caractère officiel à la réception de ses amis politiques.

Les faits sont là, indiscutables. Quand il fut à nouveau question de l'arrivée du Député de la 1re circonscription, auquel un banquet devait être offert, le Maire, sur l'invitation de M. Mousset, secrétaire délégué du Comité central, par lettre du 3 Février, consentit à demander au Président de la Chambre de commerce, le Hall du Palais Consulaire :

Monsieur le Président,

La Commission de réception de M. le Député Drumont a décidé d'organiser un banquet le lundi 6 Février.

Elle sollicite mon intervention auprès de vous pour obtenir le Hall du Palais Consulaire qui se prête mieux qu'aucun autre local pour cette solennité.

Je ne peux que m'associer au désir exprimé par cette commission d'initiative et vous prie d'accueillir favorablement cette demande.

La réponse du Président, à la date du 4 février, fut favorable, sous la réserve de la présence du député d'Alger.

Le 4 février, à la suite des dépêches échangées, M. Drumont faisait connaître que son voyage était ajourné. En tout état de cause, la Municipalité, en présence des manifestations hostiles préparées par les ligues, n'avait cessé de se préoccuper des mesures d'ordre à prendre en se renseignant journellement sur l'état des esprits.

A cet effet, le Maire demanda au Commissaire Central de lui fournir toutes indications utiles ; mais ce fonctionnaire, jugea bon de transmettre, sans appréciations personnelles, les rapports plus ou moins exacts de simples agents. Dans tous ses entretiens avec le Commissaire Central, le Maire recommandait à ce fonctionnaire de prendre toutes les dispositions en vue de la journée du 5 février.

Le 4 février, sous le n° 253, Secrétariat, la lettre suivante lui était adressée :

Monsieur le Commissaire Central,

A l'occasion de l'arrivée demain à Alger, de M. Henri Rochefort et de ses amis politiques, à propos de laquelle nous avons conféré à diverses reprises, je vous prie de vouloir bien me faire connaitre les mesures de police que vous vous disposez à prendre pour l'ordre dans les rues et empêcher toutes manifestations tumultueuses.

Sur le vu de vos instructions et propositions, j'arrêterai, de concert avec vous, toutes les dispositions à prescrire et à prendre.

Le Maire,
Signé : VOINOT.

Le matin même, le Maire, MM. les adjoints Salières et Castarède, accompagnés de M. Broussais, président du Conseil général, de MM. Stéfanopoli et Baïlle, conseillers généraux, se rendaient auprès du Préfet pour rendre compte de la situation, aviser aux moyens et se concerter pour une action commune.

Le Maire fit un exposé de tout ce qui précède, donnant les noms des fonctionnaires et autres personnages qui, se prétendant sûrs de l'impunité, avaient pris la parole dans les différentes réunions des Ligues pour exciter les ligueurs à des attaques armées contre Rochefort, Régis et tous leurs amis politiques formant la grande majorité de la population.

Il lui fit part des lettres de menaces reçues et des dispositions belliqueuses prises par les Ligueurs.

Finalement, il adjurait le Préfet d'user de son autorité auprès des meneurs pour les décider à renoncer à leurs projets, ce qui aurait pour résultat d'éviter tous désordres dans la rue et de laisser à la manifestation le même caractère pacifique et grandiose qui avait marqué une semblable manifestation quelque temps auparavant.

Le Préfet, fort des prérogatives attachées à sa fonction, parut avoir à cœur moins de maintenir l'ordre que d'imputer à la Municipalité des responsabilités anticipées.

Son attitude embarrassée et énigmatique n'en trahissait pas moins ses secrètes intentions, à ce point que, pressé de se prononcer définitivement, il laissa échapper que les contre-manifestations annoncées avaient pour but de « *soutenir le Gouvernement et que, par suite, elles nécessiteraient une protection officielle.* »

Les événements démontreront que cette appréciation n'est pas gratuite.

Dans l'après-midi, à la suite d'une nouvelle conférence avec le Commissaire Central, avec lequel il tenait à arrêter les dispositions à prendre et à signaler à M. le Préfet, le Maire adressait à ce haut fonctionnaire la lettre suivante :

Alger, le 4 février 1899, 6 heures 1/2 du soir...

Le Maire de la ville d'Alger
à Monsieur le Préfet d'Alger,

Dans l'éventualité d'événements qui pourraient se produire demain à l'arrivée du courrier de France et en suite de l'entretien que j'ai eu l'honneur d'avoir avec vous, en présence de M. Broussais, président du Conseil général, de MM. Stéfanopoli et Baille, conseillers généraux, et de MM. Salières et Castarède, mes adjoints, voici quelles sont les dispositions que j'ai cru devoir arrêter, de concert avec M. le Commissaire Central,

Sur l'effectif de la police dont je puis disposer, assez réduit d'ailleurs, par suite de maladies et de vacances, je puis disposer, pour maintenir la manifestation et assurer l'ordre, de 64 agents répartis comme suit :

Six agents seront postés : au Square Bresson ; rue Garibaldi, 4 agents et 1 gradé ; rue Bab-Azoun, 4 agents et 1 gradé ; place

Malakoff, 2 agents ; rue Bab-el Oued, Préfecture, 1 agent ; rue Dumont-d'Urville, 2 agents ; service du quai, du boulevard de la République, 30 agents, 4 gradés ; 2 agents à la porte de l'Hôtel de Ville.

D'autre part, je suis d'avis de prendre les dispositions suivantes :

Débarrasser complètement les abords du débarcadère sur le quai et refouler, par un cordon de troupes, la foule à la hauteur du bastion de la Pêcherie par une ligne perpendiculaire à la mer, et par un autre cordon au Sud, partant de la rampe Magenta et tenant au bassin situé près la Compagnie Transatlantique.

Dégager, par conséquent, les rampes Magenta et Chasseloup-Laubat et n'en permettre l'accès qu'aux délégations désireuses d'user de leur droit de citoyen, en saluant à leur arrivée les amis qu'ils attendent et aux voitures destinées au transport des passagers.

Laisser les boulevards de France et Carnot accessibles au public (chaussées et trottoirs.)

Laisser le boulevard de la République libre, sauf les trottoirs, à partir de la rue Palmyre jusqu'à la hauteur de la rue Ménerville, afin de laisser libre la partie du boulevard Carnot en face de l'Hôtel d'Europe où descendront les passagers attendus.

En outre : service d'ordre organisé sur le boulevard jusqu'au Square, place de la République, rue Dumont-d'Urville, rue d'Isly et place Bugeaud où le cortège a l'intention de déposer une couronne au pied de la statue du maréchal.

Retour : rampe Bugeaud, rue Waïsse et boulevard jusqu'au Square.

Pour assurer l'exécution de ces mesures que je juge indispensables, il est absolument nécessaire de faire appel aux forces militaires, les forces de police étant notoirement insuffisantes.

Indépendamment des troupes à échelonner sur le parcours des voies que je viens d'indiquer, il serait prudent et tout aussi nécessaire de porter des troupes sur les points suivants, que pourraient requérir les commissaires de police en cas de besoin :

1 compagnie : Palais Consulaire ;

1 peloton de cavalerie : Palais d'Hiver ;

2 compagnies : Cercle Militaire ;

1 peloton à la Préfecture ;

Cavalerie dans la cour de la Gendarmerie et Gendarmes à cheval ;

30 gendarmes à mettre à la disposition de M. le Commissaire Central.

Pour ma part, accompagné de mes adjoints, je serai sur la voie publique pour me porter là où l'ordre pourrait être troublé, n'ayant d'ailleurs que la préoccupation d'assurer la tranquililté et empêcher toute manifestation pouvant dégénérer en collision.

Comme je ne connais pas les dispositions que vous avez pu prendre et qu'il importe que j'aie pris, dans la limite de mes pouvoirs et des forces dont je dispose, toutes mesures utiles, j'ai l'honneur de vous prier, M. le Préfet, de vouloir bien donner une suite effective à mes propositions.

Je vous prie de vouloir bien m'accuser réception de la présente dépêche et de me faire connaître les dispositions auxquelles vous vous serez définitivement arrêté.

Le Maire : Voinot.

Cette dépêche restée sans réponse, contrairement à la plus élémentaire convenance, donnait lieu à une nouvelle lettre du Maire, le 5 février au matin :

Le Maire de la Ville d'Alger à M. le Préfet.

J'ai l'honneur de vous confirmer ma lettre d'hier, 4 février, qui vous a été remise à 7 h. 1/2 dans la soirée.

Cette lettre contenant des propositions relatives au maintien de l'ordre dans la rue, pour la journée de ce jour, je vous prie de me faire connaître la suite que vous comptez y donner ; faisant toutes mes réserves pour le cas où l'Autorité que vous représentez, aurait pris sans m'en aviser, des mesures pouvant, à mon insu, engager la responsabilité du Maire, et par conséquent, celle de la commune.

Le Maire : Voinot.

Nous devons noter, dès à présent, que toutes les prescriptions, préconisées par le Maire, ont été appliquées bien que le Préfet se soit obstiné à ne pas y donner explicitement son assentiment, par une lettre au Maire, ainsi que cela se pratique habituellement.

Il est à retenir toutefois que l'accès, au terre-plein des quais, des voitures destinées au transport des voyageurs a été interdit.

Nous n'osons pas supposer que cette interdiction avait pour but de livrer à la horde des contre-manifestants, le groupe de visiteurs qui se trouverait ainsi à la merci des cannes et des poings des ligueurs.

De plus, l'accès du terre-plein aux délégations a été
interdit, mais pour aider la politique du Préfet et pour
bien laisser croire à la participation officielle de la
Municipalité, cette autorisation était *spéciale* aux
Conseillers Municipaux !

Incidemment le Commissaire Central invitait les dé-
légués des Comités de quartier porteurs de palmes et
de bouquets à se grouper devant l'Hôtel-de-Ville. Ce
fonctionnaire contrevenait ainsi aux ordres formels du
Maire. Dans quel but ? C'est ce qu'une enquête pourrait démontrer.

En même temps que le rappel adressé à M. le Préfet, la lettre suivante était adressée au Commissaire
Central :

Alger, le 5 Février 1899.

Monsieur le Commissaire Central,

Je vous confirme les instructions verbales que je vous ai don-
nées hier dans le but de maintenir l'ordre dans l'après-midi de ce
jour, instructions complétées par d'autres mesures qui ont été
concertées et qui ont fait de ma part l'objet de propositions à
M. le Préfet.

Vous connaissez l'esprit qui anime la Municipalité : elle veut
assurer la liberté des citoyens, mais elle veut aussi que l'ordre ne
soit pas troublé.

Elle compte sur vous et sur le personnel placé sous vos ordres
pour atteindre ce double but.

Le Maire,
Signé : VOINOT.

Le Maire invitait en outre verbalement ce fonctionnaire à se présenter le lendemain pour recevoir les
dernières instructions et lui rendre compte de ce que
l'Autorité Supérieure avait l'intention de faire.

Enfin, dès le matin, une proclamation du Maire était
affichée pour engager les citoyens au calme.

Voici cette proclamation :

Citoyens,

Les élections législatives et municipales se sont faites à Alger
dans un élan de patriotisme républicain et de protestation contre

les menées coupables des juifs alliés à l'étranger pour innocenter un traître et désorganiser l'armée nationale,

Les circonstances sont toujours graves.

Hier nous étions, nous sommes peut-être encore, sous le coup des menaces extérieures. La campagne se poursuit furieuse en France contre l'Armée, ressource suprême de la Patrie.

Vos sentiments n'ont pas changé.

Vous êtes toujours prêts à les manifester hautement.

Mais les ennemis de notre puissance militaire ont semé l'or partout, ils trouvent des alliés, ils veulent égarer une partie de l'opinion publique.

Citoyens,

Vous montrerez aujourd'hui, à l'arrivée de l'un des défenseurs les plus vibrants de notre Armée républicaine, que vous savez être bons français et patriotes, tout en conservant la dignité que commande la présence de l'étranger dans notre port.

Je vous invite au calme. Je vous prie de ne pas donner en ce moment le spectacle attristant de divisions entre les fils d'une même Patrie.

Vous ne voudrez pas que cette ville soit encore troublée, alors qu'elle réclame le travail fécond et l'activité facteurs indispensables de sa bonne renommée.

Si mes adjurations n'étaient pas écoutées, croyez que je saurai faire respecter l'ordre par les moyens prompts et énergiques dont je dispose ou que l'autorité supérieure ne peut me refuser.

Et cela, je le ferai en ne m'inspirant que de mes devoirs et de l'intérêt suprême d'une Ville, à la tête de laquelle la confiance du Peuple m'a placé.

Je le ferai impartialement, avec une égale fermeté à l'égard de tous les partis politiques, si leurs adhérents étaient sourds à mes appels.

Citoyens,

Au nom de votre patriotisme éclairé, au nom de la France et de l'Algérie, vous ferez certainement que la journée de demain marquera dans les annales de notre cité comme une preuve vivante de votre haute sagesse.

Le Maire d'Alger compte sur vous.

Vive la France !

Vive la République !

Vive l'Algérie !

Alger, le 4 Février 1899.

Le Maire,

E. Voinot.

La Municipalité a donc usé de tous les moyens en son pouvoir pour le maintien de l'ordre ; sa bonne foi et ses intentions pacifiques et son impartialité éclatent dans tous les documents précités.

Les appels au calme de la Municipalité étaient d'ailleurs appuyés par le journal *La Dépêche Algérienne* qui a toujours fait œuvre de pacification, par les Consuls des puissances étrangères qui exhortaient leurs nationaux à se tenir à l'écart des luttes politiques et *c'est ce qu'ils ont fait.*

Extrait de La Dépêche :

AUX ALGÉROIS

L'arrivée pour demain dimanche de MM. Rochefort, Max Régis, plusieurs autres écrivains et hommes politiques étant annoncée, il est bruit que des manifestations diverses et surtout bruyantes se produiront à cette occasion.

Ce serait profondément regrettable. Dans les circonstances actuelles, les scènes tumultueuses de la rue ne peuvent que causer le plus grand préjudice à l'Algérie. En outre, on sait combien la situation politique est aujourd'hui troublée, combien nous devons redouter à tout instant des complications internationales. La sagesse et le patriotisme commandent donc à tous une prudente circonspection.

C'est pourquoi nous faisons appel au bon sens de la patriotique population algéroise en lui demandant d'observer dimanche une attitude digne, de s'abstenir de manifestations, fatalement suivies de rixes et de bagarres. On peut accueillir les hôtes qui nous arrivent avec tout le respect que l'on doit à des visiteurs de marque ; leur présenter des témoignages d'estime et d'affection ; mais on doit le faire sans démonstrations tumultueuses, sans provocations à l'égard de ceux qui croient devoir complètement s'abstenir. Il ne faut pas fournir, aux navires allemands mouillés dans notre port, le spectacle de déchirements entre Français.

Nous espérons que notre appel sera entendu ; nous comptons aussi que les sages conseils adressés par les consuls à leurs nationaux seront scrupuleusement suivis par les intéressés. Que tout le monde s'inspire du sentiment que nos plus chers intérêts sont en jeu, que les précieuses réformes que nous réclamons avec une si légitime insistance dépendent aujourd'hui uniquement de notre sagesse et nous sommes convaincus que tout se passera avec le

calme et la dignité qui conviennent à une grande cité comme
Alger.

*
* *

Les évènements de la soirée ont justifié entière-
ment l'attitude de la Municipalité.

C'est, en effet, grâce à l'énergique intervention de
MM. Voinot, maire, Salières et Castarède, adjoints, que
de plus grands désordres ont été évités.

Le Pouvoir Central les a récompensés de leur
louable conduite par la suspension du Conseil Municipal.

Chose inouïe, extraordinaire, contraire à toutes les
lois, l'Hôtel-de-Ville a été occupé militairement et
gardé de même pour procéder à l'installation d'un
délégué spécial à l'administration provisoire de la Ville.

*
* *

Une dernière preuve de la protection officielle accor-
dée aux contre-manifestants, résulte de la mise en
liberté de plusieurs d'entre eux, par ordre préfectoral,
sans interrogatoire préalable.

Ce n'est point là une simple allégation.

Lors de sa visite aux geôles, le soir du 5 février, le
Maire constata qu'il ne restait que de malheureux
citoyens appréhendés au hasard de la main.

Pressé de questions, le Commissaire Central décla-
rait qu'une liste de noms, évidemment préparée à
l'avance et où figuraient *des individus qui n'avaient
même pas été arrêtés*, lui avait été apportée par le
commissaire du service de la sûreté ;

Que c'est sur la présentation de cette liste, accom-
pagnée d'ordres verbaux que *certains* délinquants
avaient été relâchés.

Pour bien se rendre compte que cet ordre émanait
de la Préfecture, le Maire se rendit à la Gendarmerie,
où le capitaine de la Légion, avisé de ce qui s'était
passé, fut très étonné de la mise en liberté des personnes arrêtées par le service même de la Gendarmerie.

Une de ces personnes avait été appréhendée, un révolver chargé à la main. L'arme était en la possession d'un gendarme.

De la Gendarmerie, le Maire se transportait au Parquet où, reçu par M. le Procureur de la République, il informait ce magistrat des mesures de clémence prises à l'égard de certains agitateurs, dont la culpabilité était évidente.

Mais tous ces faits n'empêchent pas le Gouvernement de donner suite à ses projets et d'appliquer une sanction aux menaces de dissolution du Conseil.

Le Maire recevait, en effet, le 5 février, à 8 h. 45 du soir, notification de l'arrêté ci-après :

Le Préfet d'Alger, Chevalier de la Légion d'Honneur,

Vu l'art. 43, paragraphes 2 et 86 de la loi du 5 avril 1884.

Considérant que le Maire et le Conseil Municipal de la ville d'Alger, ont organisé, de concert avec l'ex-Maire révoqué, auquel ils ont illégalement conféré le titre de Maire honoraire, une manifestation politique qui était de nature à jeter la division entre les citoyens et provoquer des troubles.

Qu'en fait, il en est résulté des désordres et des violences qui auraient pu gravement compromettre la paix publique si l'autorité supérieure et la force publique n'étaient intervenues.

Que le Maire et le Conseil Municipal ont ainsi gravement manqué à leurs devoirs envers la population algéroise qui ne demande que du travail et la paix.

Considérant qu'il est urgent de prévenir le retour de pareils incidents,

ARRÊTE :

Art. Premier. — Le Maire et le Conseil Municipal sont suspendus ;

Art. 2. — Le Secrétaire général est chargé de l'exécution du présent arrêté.

Remarquons que dans sa précipitation, le Préfet omettait de suspendre les adjoints.

Le surlendemain seulement les adjoints recevaient individuellement notification d'un arrêté les concernant.

Cet oubli était-il involontaire ou bien impliquait-il une embûche tendue aux adjoints qui gardaient le

droit de continuer la direction des affaires communales et de pénétrer à l'Hôtel-de-Ville *manu militari ?*

Toutes les suppositions sont permises !

Quoi qu'il en soit, nous ne saurions trop protester
au nom du droit public méconnu, contre ce coup de
force exécuté sur la Municipalité, qui a fait son devoir
avant et pendant la journée du 5 Février, pour déjouer
des tentatives graves de désordre accomplies sous
l'œil bienveillant de l'autorité supérieure algérienne.

Nous protestons de plus avec la dernière énergie
contre l'occupation militaire de l'Hôtel de-Ville, alors
que la cité était tranquille et que tout était rentré
dans l'ordre grâce aux mesures prises et exécutées
par la seule Municipalité.

Complétant et aggravant le double abus d'autorité
commis par le Préfet (suspension du Conseil Municipal et occupation de l'Hôtel-de-Ville), un arrêté du
Gouverneur général, *non daté*, était placardé sur les
murs de la ville, dans la soirée du dimanche.

RÉPUBLIQUE FRANÇAISE

GOUVERNEMENT GÉNÉRAL DE L'ALGÉRIE

Le Gouverneur général de l'Algérie,

Vu l'article 4 du paragraphe 3 du décret du 23 août 1898 sur
les pouvoirs du Gouverneur Général, le dit article ainsi conçu :

Le Gouverneur général prend, après s'être concerté avec
l'autorité militaire, les décisions que nécessite la sûreté ou la
défense de l'Algérie ;

Vu l'article 3, paragraphe 2 du même décret ainsi conçu :

Il exerce à l'égard des étrangers et des indigènes musulmans
les pouvoirs de haute police prévus par la loi du 3 décembre
1849, ou par la législation spéciale de l'Algérie.

Après s'être concerté avec l'autorité militaire, conformément
aux dispositions ci-dessus ;

Arrête :

Article premier. — Toute réunion publique ayant pour objet
d'exciter les citoyens les uns contre les autres ou contre l'autorité publique est interdite et sera immédiatement dissoute.

Art. 2. — Il est également interdit tout attroupement sur la
voie publique, soit stationnaire soit en marche. Après les som-

-mations requises par l'art. 3 de la loi du 7 juin 1848, l'attroupement sera dissipé par la force.

Art. 3. — Tout café qui sera le siège de réunions contraires
à la loi du 30 juin 1881 encourra les mesures prévues par les
lois et règlement.

Art. 4. — Tout étranger ou tout indigène qui aura troublé la
paix publique sera l'objet des décisions prévues par l'art. 3, paragraphe 2 ci-dessus visé, du décret du 23 août 1898, sans préjudice de telles poursuites que de droit.

Art. 5. — Le Préfet d'Alger et le général commandant les
troupes de la garnison d'Alger sont chargés, chacun en ce qui le
concerne, de l'exécution du présent arrêté.

Le Gouverneur Général de l'Algérie,
Signé : ED. LAFERRIÈRE.

Cette nouvelle atteinte aux libertés publiques met-
tait l'Algérie hors du droit commun.

C'est avec raison que l'on a dit que c'était « le petit
état de siège » que consacrait cet arrêté.

La première application en était faite par la saisie,
chez un afficheur public, d'une proclamation adressée
à la population par le Conseil Municipal et qui est
ainsi conçue :

AUX HABITANTS D'ALGER

Chers Concitoyens,

Les juifs du Syndicat de la Trahison peuvent être satisfaits.
Leurs amis et les malheureux qu'ils achètent ont blessé hier les
sentiments patriotiques et français du peuple d'Alger. Ces provocations se sont effondrées sous le mépris public.

Le Maire d'une commune voisine, un sénateur, des fonctionnaires, les épaves d'une Municipalité judaïsante que vous aviez
chassée aux dernières élections, groupés en une bande d'agitateurs, armés de sifflets et de bâtons, ont envahi notre commune.

Ils voulaient conspuer, injurier, frapper nos amis auxquels ces
sans patrie ne pardonnent pas d'avoir courageusement pris parti
pour la grande muette, la grande sacrifiée, pour cette Armée
Nationale que les dreyfusards couvrent d'outrages et qui, admi-
rable de calme et de dignité, reste toujours prête à défendre la
paix de la rue et l'intégrité des frontières.

Le Gouvernement nous frappe parce que des rapports inexacts
nous représentent comme des perturbateurs, alors que nous

n'avons pas hésité à prendre les mesures les plus énergiques, à payer de notre personne pour prévenir et arrêter les troubles graves dont nous étions menacés.

Vos élus, expulsés de la Maison Commune par la police et les gendarmes, n'ont plus la garde de vos intérêts, de votre sécurité, de votre liberté. Mais ils ont la certitude d'être restés fidèles jusqu'au bout à leur programme et à leur conviction.

Dans l'accomplissement de notre mandat, nous n'avons été guidés que par l'amour de notre belle cité et de notre chère France.

L'avenir dira si nous avions raison de vous mettre en garde contre les manœuvres des ennemis de la Patrie et les perfidies des détracteurs de l'Algérie.

Vive la République !

Vive la France !

Vive l'Algérie !

Vive l'Armée !

A bas les Juifs !

(*Suivent les signatures de tous les membres du Conseil Municipal*).

Tels sont les faits exposés dans toute leur sincérité et leur véracité.

Tous les partis en peuvent tirer des déductions complaisantes, suivant leurs tendances et leurs intérêts.

Mais ce qui reste indéniable :

C'est que rien, dans les agissements de la Municipalité, ne justifie le coup d'Etat, consommé le 5 février, contre les élus de la population patriote au profit d'une minorité perturbatrice ;

C'est que l'accord entre cette minorité et les représentants du Gouvernement en Algérie est *manifeste* ;

C'est que les mesures d'ordre prises ou préconisées par la Municipalité eussent été suffisantes si elles avaient été, en tous points, exécutées et que la contre-manifestation n'eut pas été encouragée et protégée ;

C'est que la Municipalité, en ces circonstances difficiles, avait paré à toutes les éventualités, alors que

le Préfet, par un silence voulu, ne répondait à aucune
des propositions qui lui étaient faites ;

Qu'en conséquence, c'est à ce fonctionnaire que
doivent incomber toutes les responsabilités des événements de la journée du 5 février, événements rendus
au surplus moins douloureux et sanglants, par l'intervention personnelle, sur les lieux de la manifestation,
des membres de la Municipalité, dont un d'eux, ceint
de son écharpe, a été frappé violemment.

C'est grâce, en effet, à son énergique intervention
que les collisions, aussitôt arrêtées, n'ont pas eu les
redoutables conséquences que l'on prévoyait.

Malgré tout, c'est la Municipalité qui a été l'objet
d'une injustifiable mesure de rigueur.

Le peuple d'Alger, seul juge, appréciera sa conduite.

Vivent les libertés communales, garanties par la
Constitution républicaine !

Vive la République !

www.ingramcontent.com/pod-product-compliance
Lightning Source LLC
Chambersburg PA
CBHW061342050726
47595CB00005B/2041